Friedrich Schlie

Ueber Nikolaus Knüpfer und einige seiner Gemälde,

besonders über seine

Friedrich Schlie

Ueber Nikolaus Knüpfer und einige seiner Gemälde, besonders über seine

ISBN/EAN: 9783743432345

Hergestellt in Europa, USA, Kanada, Australien, Japan

Cover: Foto ©Thomas Meinert / pixelio.de

Weitere Bücher finden Sie auf **www.hansebooks.com**

Verzeichniss der Lichtdruckbilder.

Aus dem Schweriner Museum.

Ueber Nikolaus Knüpfer

und einige seiner Gemälde,

besonders

über seine „Jagd nach dem Glück" (sog. Contento)

in München und Schwerin.

Zugleich

ein Beitrag zur Elsheimer-Frage.

Von

Friedrich Schlie.

SCHWERIN 1896.

Verlag der Bärensprungschen Hofbuchdruckerei.

Vorrede.

s war am 3. October 1892, als mir bei einem Gange durch die Alte Pinakothek zum ersten Mal auffiel, dass das sog. ›Contento‹ des Elsheimer ein Werk des Knüpfer sein müsse. Die Sache wurde mir bald zur Gewissheit, und ich gab ihr ein paar Wochen später, bei Gelegenheit einer Sonder-Ausstellung im Grossherzoglichen Museum zu Schwerin am 29. November desselben Jahres, mit einem Aufsatz in den Mecklenburger Nachrichten einen Ausdruck, der die Grundlage der vorliegenden Studie geworden ist.

Den Hinweis auf das im Nachtrag ausführlicher besprochene Bild in Basel verdanke ich Bayersdorfer. Ich sah es zum ersten Mal flüchtig im Frühjahr 1894, konnte aber damals zu keiner festen Ueberzeugung gelangen. Ich gestehe sogar, dass die Gruppe der in diesem Bilde zum Merkur und zur Fortuna aufblickenden Köpfe, die dem Beschauer in perspektivischer Verkürzung entgegentreten, den Gedanken in mir aufkeimen liessen, es möge ein Jugendwerk Knüpfers sein. Aber je öfter ich in der Folgezeit Knüpfer'sche und Elsheimer'sche Werke betrachtete, desto ungereimter erschien mir diese Vorstellung, desto mehr aber wuchs auch vor meinen Augen die Bedeutung Knüpfers, dessen eigenartige und volle künstlerische Bedeutung in keinem Bilde mehr als in dem grossen geistvollen Werk der Casseler Galerie zu erkennen ist.

Am 6. Januar 1895 hielt ich über ihn einen Vortrag im Kunstverein der Stadt Leipzig, die er und seine Zeitgenossen als seine Heimath bezeichnen. Dieser

Vortrag ist es, den der erste Theil der nachfolgenden Abhandlung im Wesentlichen wiedergiebt, der aber die Frage nach dem Elsheimer'schen Ur- und Vorbild noch offen lässt. Denn es blieb immer noch eine Untersuchung der Zeichnungen in der Albertina zu Wien eine Nothwendigkeit, ebenso eine erneute Untersuchung des Baseler Bildes auf Grund besserer und gründlicherer Erkenntniss der Elsheimer'schen Werke.

Diese Prüfung ist erst vor wenigen Wochen von mir vorgenommen und nun im Nachtrag ausführlicher dargelegt worden. Dass sie eine so feste und sichere Ueberzeugung ergeben würde, wie sie hier ausgesprochen ist, ahnte ich selbst nicht, nachdem die Betrachtung des Bildes in Basel im Jahre 1894 noch allerlei Unsicherheit übrig gelassen hatte. Doch es ist so, und für mich gilt: Causa finita est. Ob auch für Andere, muss abgewartet werden.

Schwerin, 26. Mai 1896.

Friedrich Schlie.

ie wenig der Meister Nikolaus Knüpfer noch vor Kurzem bekannt war, wird am besten dadurch bewiesen, dass im Jahre 1891 ein zweifelloses Werk seiner Hand, das für eine Arbeit des Ferdinand Bol angesehen wurde, dazu dienen sollte, die Grundlage zu einem Neubau der holländischen Kunstgeschichte zu bilden und keinen Geringeren als Rembrandt von seinem Thron zu stossen.

Der Fall Lautner, auf den ich mit diesen Worten hinweise, hat heute nur noch ein pathologisches Interesse: erstens zeigt er, wie blind und wagehalsig in der trefflichen Stadt Breslau diejenigen waren, welche dem unglücklichen Buche ›Wer ist Rembrandt‹ zu Licht und Leben verhalfen, zweitens dient er für immer zur Warnung.

Doch ergiebt sich aus dem Breslauer Vorgang eine für uns nicht ganz werthlose Schlussfolgerung, die nämlich, dass ein Gemälde, welches unter der Aegide einer Excellenz zu einem schön gedruckten Buche Anlass geben und einen ganzen Geschichtsbau über den Haufen werfen sollte, kein unbedeutendes Werk sein könne, sondern immerhin ein gewisses Maass von Stosskraft und vielleicht auch noch etwas in sich haben möge, das es mit der Kunst grosser Meister, wie Rembrandt und Bol, in irgend einer Weise verbinde.

In der That bewährte das Bild seine Kraft aufs Nachdrücklichste, nur stiess es nicht den um, auf welchen es abgesehen war, sondern den, der es als Waffe gebrauchen wollte. Und viel fehlte nicht, dann wären auch Andere, die vorschnell dem Autor ihre Sympathie kundzugeben bereit waren, in den tragikomischen Sturz mithineingezogen worden.

Doch die Götter hatten ein Einsehen.

Wer aber ist der, dessen Verkennung soviel Unheil nach sich ziehen sollte? Ist es wirklich ein Meister, dessen Werke dazu verführen können, ihn mit Rembrandt und Bol zu verwechseln?

Nun, Nikolaus Knüpfer ist keiner jener grossen Maler ersten Ranges, deren Name genügt, um eine ganze Fluth angenehmer Empfindungen und Vorstellungen in die Seele zu rufen, doch hat er seine Vorzüge und Eigenarten. Er ist ein Meister zweiten Ranges, aber er ist ein Mann, dem man, sobald es sich in der Kunstgeschichte um Darlegung des Wechselspiels von Ursachen und Wirkungen handelt, nicht ungestraft vorbeigeht, und den man schätzen lernt, je länger man sich mit ihm beschäftigt. Ja, er ist einer, der viel mehr bedeutet als wofür er heute noch angesehen wird.

In der kunstgeschichtlichen Literatur des XVII. und XVIII. Jahrhunderts, bei den Biographen und in den Auktionskatalogen, begegnen wir seinem Namen und seinen Werken oft genug. Dem Nachdruck, der nicht selten darauf gelegt ist, lässt sich entnehmen, dass er sr. Zt. sogar ein sehr geschätzter Meister war. Das XIX. Jahrhundert aber ist ihm bis in unsere Tage hinein nicht gerecht geworden, es hat ihn ohne Grund vernachlässigt, ja es gab Decennien, in denen er beinahe vergessen war. Das kann man behaupten, wenn man sieht, wie ihn Waagen in seinem bekannten Handbuch der deutschen und niederländischen Malerschulen nur beiläufig mit einer halben Druckzeile streift. Das tritt noch mehr in die Augen, wenn man wahrnimmt, dass Bode, dessen Vorzug es sonst ist, die Kleineren und Kleinsten an seinem Wege mit Liebe aufzuspüren, in seinen zweimal herausgegebenen Elsheimer-Studien, in denen gerade für Knüpfer ausreichender Raum hätte übrig sein sollen, gar keinen Platz für ihn hat.¹) Weniger auffällig dagegen mag es erscheinen, wenn ein Mann wie Janitschek, dessen Specialstudien auf anderen Gebieten lagen, ihn in seiner Geschichte der deutschen Malerei kurzer Hand unter die Holländer weist und Anderen, die es weit weniger verdient hätten, einen viel grösseren Raum gewährt.

Der Einzige, der in neuerer Zeit dem Knüpfer das gegeben hat, was ihm in einem Handbuch der Malerschulen als Wenigstes zukommt, ist Wörmann. Nach einer Aufzählung seiner Werke wirft er am Schluss einen Blick auf das bekannte schöne Familienbild in der Königlichen Gemäldegalerie zu Dresden und spricht ein Urtheil aus, das man sich gefallen lassen kann: er nennt ihn einen deutschen Künstler, der den besten gleichzeitigen Holländern ebenbürtig erscheine.

Dennoch ist es unsere Meinung, dass der Meister mehr als bisher beachtet werden muss und dass das kunstgeschichtliche Urtheil über Knüpfer eine andere Fassung erfordert. Vielleicht lässt sich, um ihn richtig zu charakterisieren, ein Ausdruck finden, der ihn aus seiner Zeitgenossenschaft in besonderer Weise heraushebt, und wir haben ferner, wie es hier schon gesagt und nachher noch näher dargethan werden soll, die Ueberzeugung gewonnen, dass sein Verhältniss zu Elsheimer's Kunst ein anderes ist als dasjenige, welches in neuerer Zeit auf Grund der Darlegungen im Schweriner Katalog von 1882 Geltung erhalten hat und von Anderen vertreten worden ist.

Zunächst mögen seine Lebensdata beleuchtet werden.

Die Primärquellen (Urkunden, Akten, notarielle Beglaubigungen aus seiner Zeit, eigenhändig bezeichnete Gemälde mit Daten) ergeben bis heute für seine Biographie nur wenige unumstössliche Fixpunkte: es sind die Jahre 1637, 1649, 1651 und 1654.

Das Datum 1637 stammt aus den Akten der Lukas-Gilde zu Utrecht. Dort heisst es, dass Nikolaus Knüpfer im Jahre 1637 als Passant, also nicht als ordentliches Mitglied, in die Genossenschaft der Maler aufgenommen wurde.

Das Wort »Passant« fällt auf, es lässt sofort vermuthen, dass er von Geburt kein Holländer war, sondern aus der Fremde kam.

Was das Jahr 1649 betrifft, so ist es das Jahr einer kunstgeschichtlich bekannt gewordenen Lotterie, nämlich der Lotterie des Jan de Bondt. Unter den im Juli dieses Jahres auf dem Castell Wyck-by-Duurstede verloosten Gemälden finden sich drei Bilder von unserem Knüpfer: [1]) eine Sophonisbe, ein Diogenes und ein Addalonibus (sic!!!). Von diesen wird der Diogenes als ein Hauptwerk bezeichnet und erlangt neben einem de Heem, J. B. Weenix und Munstert (?) den vierthöchsten Preis.[3]

Diese Thatsache beweist, dass er um die Mitte des XVII. Jahrhunderts ein Mann war, der den besten holländischen Malern an die Seite gesetzt wurde. Das Jahr 1649 aber hat noch eine weitere Bedeutung für Feststellungen in Knüpfer's Lebensgange. Es ist das Jahr, in dem die später von C. de Bie benutzte Meyssens'sche Bildniss-Sammlung erschien, welche unter anderen den Jode'schen Stich nach Knüpfer's Selbstporträt mit längerer Unterschrift enthält.[4]

Die anderen beiden Data, welche als Fixpunkte Bedeutung haben, 1651 und 1654, hat Knüpfer auf zwei Bildern seinem eigenhändig hingesetzten Namen hinzugefügt. Das eine Bild ist die »Jagd nach dem Glück« im Grossherzoglichen Museum zu Schwerin, das andere ist das Gebet des Tobias an seinem Hochzeitsbett«, das sich im Museum zu Utrecht befindet.

Beide Bilder zeigen den Künstler auf der Höhe seines Schaffens und nehmen sehr für ihn ein.

Weitere feste Data sollte man aus den sächsischen Archiven, besonders denen der Stadt Leipzig, erwarten, welche von den Primär- und Sekundärquellen als seine Heimath bezeichnet wird. Allein die Durchsuchung der Taufregister, Leichenbücher, Notariatsinstrumente, Bürger- und Steuerrollen hat kein Ergebniss gehabt.[5]

Darf man sich aber daraufhin das Recht anmassen, die Angaben von nicht weniger als vier Zeitgenossen, der Holländer Cornelis de Bie, Jan Meyssens und Petrus de Jode im Gulden-Cabinet (1661) und des Amsterdamer Stats-Doctors Jan Sysmus in seinem Schilderregister (1669 oder 1678)[6] sowie des Deutschen Joachim Sandrart in seiner Akademie (1675) für falsch zu halten, welche alle den Nicolaus Knüpfer einen Leipziger nennen?

Gewiss nicht ohne Weiteres. Denn es sind allerlei, keiner weiteren Ausführung bedürfende Möglichkeiten denkbar, dass Knüpfer in Leipzig oder in einer Vorstadt von Leipzig geboren und sein Name dennoch in keines der Kirchen- und Stadtregister eingetragen wurde.

Oder er nannte sich im Auslande vielleicht schon deshalb einen Leipziger, weil er aus der Nachbarschaft von Leipzig oder überhaupt aus Sachsen stammte: was ja schliesslich keinen grossen Unterschied macht.

Immer bleibt es zu beachten, dass Knüpfer im Utrechter Gildenbuch nur als »Passant« verzeichnet ist, was, wie bereits bemerkt, darauf hinweist, dass er kein Utrechter war, sondern aus der Fremde kam.

Es ist ferner zu beachten, dass er einen hochdeutschen Handwerksnamen (Knüpfer, soviel als Posamentier) trägt, der das plattdeutsche Land als Herkunftsland der Familie ausschliesst und in Sachsen, speciell in Leipzig, noch heute mehrmals nachgewiesen werden kann.

Es ist endlich sehr wohl anzunehmen, dass Knüpfer selber und zeitgenössische Holländer dagegen aufgetreten sein würden, wenn der Niederländer de Bie, der sein Buch höchst wahrscheinlich noch bei Lebzeiten Knüpfer's verfasste, ihn fälschlicherweise zu einem Deutschen gemacht hätte.

Wir haben deshalb keinen Grund, den Erzählungen der de Bie, Meyssens, Sysmus und Sandrart, die sehr wohl auf das Beste über ihn unterrichtet sein konnten, mit Misstrauen zu begegnen. Wir haben um so weniger Grund dazu, als sie mit den zuerstgenannten, aus untrüglichen Quellen gewonnenen Lebensdaten des Künstlers im Einklange sind.

Cornelis de Bie erzählt, dass Nikolaus Knüpfer im Jahre 1603 in Leipzig von ehrlichen Eltern (van eerlyke ouders) geboren wurde, dass er schon als Knabe eine Scene aus der Odyssee an die Wand seiner Kammer malte und zuletzt mit Einwilligung des Vaters den Beruf des Künstlers erwählte. Zwei Jahre hindurch sei er darauf von einem Leipziger Maler Emanuel Nyfsen unterwiesen worden, der ihn aber zu den gewöhnlichsten Verrichtungen missbraucht habe. Dann sei er nach Magdeburg gekommen und hier bis zu seinem 27. Lebensjahr geblieben. 1630 sei er nach Utrecht gelangt und in das Atelier Abraham Bloemaarts eingetreten. Bei diesem Meister habe er seine künstlerische Vollendung erhalten. Zuletzt sei die Aufmerksamkeit des Königs von Dänemark auf ihn gelenkt worden, für den er drei kunstreiche Bilder gemalt habe.[1]) Aber auch in Amsterdam, Utrecht und an anderen berühmten Orten seien merkwürdige und sehenswerthe Malereien von ihm vorhanden.

Vierzehn Jahre später bestätigt der alte Sandrart, der ein weitgereister und gelehrter Mann war und, gleich dem Cornelis de Bie, den Nikolaus Knupfer recht gut gekannt haben kann, diese Nachrichten, macht aber einen Zusatz, der nicht übersehen werden darf, weil er für die Beurtheilung des Meisters wichtig ist.

Er sagt nämlich, dass Knüpfer besonderen Ruhm gehabt habe »wegen der mit Oelfarben gemahlten zierlichen Historien, als die er meistens in klein, aber sehr ingenios gebildet, defshalben sie sehr gesucht und bey Monarchen und grossen Herren wol beliebt waren, wie dann absonderlich Ihro Mayest. dem König in Dennemark viel zugesandt worden, dern Lob an allen Orten erschollen, dahero ich auch Willens gewesen, dieselben eigentlich zu beschreiben, bin aber wegen meiner beschleunigten Abreifs von dannen, selbige zu sehen, verkürzet wörden«.[*])

Was endlich die späteren holländischen Quellenschriften über Knüpfer berichten, geht auf die ebengenannten zurück und bedarf keiner Erwähnung. Hie und da findet man besten Falles eine Angabe über das eine und andere seiner Bilder hinzugefügt. So nennt Campo Weyermann, Levens-Beschryvingen II (1729), S. 13, ein Liebespaar (Hirt und Hirtin) und rühmt daran die sittsame Auffassung. Descamps, Vie des peintres etc. II, (1754), S. 74, zählt drei Bilder auf, die er bei M. Fayel (alias Fagel) im Haag gesehen habe: »une jolie femme qui est en prière, tableau très fin; un autre, l'assemblée des Dieux, et un troisième, des Enfants au milieu des fleurs«. Füssli, in seinem Lexikon (1779 und 1806), erwähnt eine Radierung von C. G. Geyser nach einem Gemälde mit der Darstellung des Rosen- oder Johannis-Festes, das sich im Winkler'schen Cabinet befand. Immerzeel, De levens en werken etc. (1843) sagt: »Wij zaagen vor verscheiden jaren te Utrecht van dezen meester een historieel schilderstuk met verscheiden juist geteekende en keurig geschilderde figuren, heerlijk van koloriet en effect« — giebt aber den Gegenstand nicht an. Kramm, De levens en werken etc. (1857) erzählt ohne Angabe der Quelle: »Hij heeft lang te 'sHage gewoond, waar hij zeer veel aanmoediging genoot. Als een zijner vornaamste werken staat vermeld: Eene offerhande aan de Fortuin, dewelke op bevel van den Goden door Merkurius naar den Hemel wordt getrokken. Dit is een zeer schoon stuk, deftig in zyn bywerk, gansch aardig den voorleden Actietydt met deszelfs uitkomst verbeeldende; zynde zeer opmerkelyk en vol gewoel, door Knupfer; hoog 1 vt. 5 d., br. 1 vt. 9 d.« Zie Catalogus der Verkooping van Jaques Meyer, Rotterdam, 1722, waar het, in dien flaauwen tijd, de som van F.

Nikolaus Knüpfer mit seiner Familie.

Königl. Galerie zu Dresden.

(Nach einer Photographie von R. Tamme in Dresden.)

556 opbragt, en welk stuk later het kabinet van wijlen den griffier Fagel, te s'Hage, versierd heeft. – Die Beschreibung des Bildes stammt aus dem Katalog von Gerard Hoet I (1752), S. 281. Dass es kein anderes als das Schweriner Bild vom Jahre 1651 ist, meine ich schon 1882 im grösseren Katalog der Grossherzoglichen Galerie, S. 320, ebenso wahrscheinlich gemacht zu haben wie die Verkehrtheit seiner Benennung bei Hoet und Kramm. Vielleicht ist es auch identisch mit der Assemblée des Dieux bei Descamps, wie andererseits »une jolie femme qui est en prière« möglicherweise mit dem Tobias-Bilde von 1654 ein und dasselbe Bild ist. Ungenauigkeiten in der Bezeichnung und Beschreibung von Bildern sind in älterer Zeit bekanntlich nichts Seltenes.

Ausser den bisher angegebenen sind zuletzt noch zwei in späterer Zeit erst auftretende Nachrichten anzuführen, die eine, dass Jan Steen, und die andere, dass Ary de Vois Knüpfer's Schüler war. Diese stammt aus Houbraken's Schauburg (1718) II, S. 162, jene aus Campo Weyerman's Levensbeschryvingen (1729) II, S. 348. Houbraken erzählt: »Ary de Vois is geboren te Leyden in't jaar 1641. Zijn Vader, die orgelist tot Leyden was, bespeurende dat zyne genegentheid tot het leeren van de Schilderkonst overhelde, bestelde hem eerst tot Utrecht by Kniffert« Weyermann erzählt von Jan Steen: »Is geboren tot Leyden, in den jaare duyzentfeshondertfesendertig . . . . (wahrscheinlicher 1626). Zyn Vaders naam was Havik Janfze Steen, een Brouwer tot Leyden, die gewaarschouwt zynde dat er geeft ftak in den Jongen (zelfs kon Havik zo diep niet zien), zo beftelde hy hem eerst by Knuffer, tot Utrecht . . . . . «

Beiden Nachrichten entnehmen wir die Ansässigkeit Knupfer's zu Utrecht, auf die auch sonst alles hinweist. Da uns ferner in den Werken dieser Schüler Züge begegnen, die der Art des Meisters verwandt sind und in ihr ihren Ursprung haben können, so haben wir ausreichende Veranlassung, sie nicht zu übersehen.

Damit sind nun im Vorstehenden alle Daten zusammengestellt, aus denen auf seine Zeit und seinen Lebenslauf geschlossen werden kann. Wollen wir aber seine Kunst kennen lernen, so müssen wir die Bilder prüfen, die er gemalt hat.

Die Basis dafür kann selbstverständlich nur in den von ihm selbst beglaubigten Gemälden gefunden werden. Sie sind es, die die Kriterien auch für solche Bilder ergeben müssen, auf denen sein Name verwischt worden, und die ihn doch einmal mit Recht geführt haben.

Es bedarf also zu einer Feststellung seines Werkes einer eingehenden Betrachtung und Analyse jener ersteren. Am besten aber machen wir den Anfang mit einer Besprechung des figurenreichen Schweriner Bildes, das einer der wichtigsten Ausgangspunkte für die Beurtheilung Knüpfer's ist.

Der erste Eindruck ist der eines fast unentwirrbar erscheinenden Menschen-Gewimmels. Dann sieht man, dass Himmel und Erde mit einander verbunden sind. Die Wolken haben sich aufgethan, und die olympischen Götter sind sichtbar geworden.

Sie haben ihren Boten, den Gott Hermes oder Merkurius, auf einer Wolke herniedergesandt, um eine Frauengestalt emporzuholen, die die Menschen auf Erden nicht fahren lassen wollen.

Der Gott hat grosse Mühe, sie zu heben. Die Menschen reissen ihr buchstäblich die Gewänder vom Leibe.

Durch dieses ungewöhnliche Ereigniss ist nun eine Feier gestört worden, die links in einem Tempelgemäuer des Vordergrundes vor sich geht. Es handelt sich um eine heilige Handlung vor der Statue eines Zeus, der oberhalb eines Altars in einer Nische sitzt.

Jederseits, rechts und links vom Altar, ein Knabe, der eine kranzumwundene brennende Fackel hält. Auf dem Altar selbst eine Tafel mit hebräischen Lettern. An den Stufen des Altars viele lorbeerbekränzte Ministranten: ein ganzer Sängerchor, in Costümen, welche an den katholischen Cultus erinnern. Knaben mit Weihrauchfässern. Betende, Knieende. Ein Opferzug mit bekränzten Stieren, Schafen und Lämmern: alles das in altrömischem Stil.

Aber es ist zu beachten, dass die heilige Handlung durch die Himmlischen selber gestört worden ist.

Sie scheinen auf den Dienst der Menschen nicht mehr zu geben. Erschreckt, erzürnt, und vielleicht auch scheltend, wendet sich der Oberpriester am Altar an die tobende Menge.

Aber sie hört nicht auf ihn.

Jagd nach dem Glück.
1651.

Grossherzogliche Galerie zu Schwerin.

Neben ihm steht ein zweiter Priester, der ein junges Ehepaar einsegnet. Der Priester und der junge Mann lassen sich nicht stören, aber die junge Frau sieht entsetzt auf den Diebstahl oder Menschenraub, den Merkur im Auftrage der Himmlischen begeht. Auch die Trauzeugen werden dadurch in Aufregung versetzt. Ebenso die Zuschauer in einer Säulengalerie des Heiligthums.

Zu dem ganzen Lärm gesellt sich Posaunen- und Trompeten-Musik von einer oberen Galerie, die, wie der ganze Bau, unter freiem Himmel ist.

Am tollsten ist das Gedränge unmittelbar unter der emporgetragenen Gestalt. Man sieht alle Stände, Vornehm und Gering, Jung und Alt, Männer und Frauen, ehrliche und unehrliche Leute, einen Ritter zu Pferde, ja zuletzt, hoch zu Ross, den Kaiser und den Papst, beide mit vielem Gefolge. Sie kommen alle heran, sie wenden alle ihren Blick zu der fortgetragenen Gestalt empor, die uns mittlerweile, d. h. bei dieser Art von Betrachtung, ihr Wesen enthüllt.

Es ist die Glücksgöttin, die Fortuna, um die sich Alles reisst. Alle wollen etwas von ihr haben, und wenn es zuletzt auch nur ein Zipfel ihres Gewandes ist. Nur Wenige giebt es, die nicht mit Leidenschaft für sie erfüllt sind.

Da ist zuerst eine Gruppe von Kindern. Sie lassen einen Drachen steigen. Und ihr Drache führt auf jedem Seitenflügel die bezeichnende Aufschrift · Content Kinder sind mit Wenigem zufrieden. Mit Wenigem ist auch der am Wege kauernde Bettler zufrieden. Mit Wenigem vielleicht auch der ernst und ruhig seines Weges schreitende Nachkomme Muhameds in grünem Turban. Auch der stämmige Austernfischer, der eben vom Fange kommt und seine Leckerbissen für Geld und gute Worte gerne Anderen überlässt. Vielleicht auch das Liebespaar, das, weiter zurück, auf dem Wege wandelt, und vorläufig noch nichts anderes im Sinne hat, als wie es für sich sein und bleiben möge.

Ob auch alle Uebrigen im Mittelgrunde und Hintergrunde zu den zufriedenen Leuten gerechnet werden sollen, müssen wir dahin gestellt sein lassen. Vielleicht, vielleicht auch nicht.

Da sieht man auf einem Wasser den Vorgang eines Fischfanges, im Freien ein Piknik, weiterhin' ein Wettrennen von Pferden und Menschen, auch sonst allerlei Kurzweil, Schaubuden, ein Treiben wie auf dem Jahrmarkt.

Dahinter römische Gebäude, Rundthürme, zwischendurch die weitere Landschaft, und zuletzt das Meer, das mit hochmastigen Schiffen bedeckt ist.

Nur einer erscheint rechts im Bilde, dem man es gleich ansieht, dass er mit dem ganzen Spektakel nichts zu thun haben will.

Es ist der Maler selber, in der Tracht seiner Zeit. Er steht, stemmt beide Hände in die Seiten und lacht aus vollem Halse, den Kopf zurückgebogen und die Knice etwas vorgestreckt. Er lacht über die Thorheit der Menschen: »O, ihr Narren, die ihr glaubt, mit Singen, Beten, Opfern, mit Erlangung von Würden und Ehren, mit erlaubten und unerlaubten Genüssen und Freuden der Welt das Glück zu erjagen – in was für einem Irrthum befindet ihr euch! Seht ihr denn nicht, dass ihr mit dem Neide der Götter zu kämpfen habt? Sie gönnen euch nichts von eurem Glück, sie nehmen es euch, sie brauchen es selber, sie sind nicht besser und nicht klüger als ihr.«

So ruft er mit lachendem Munde.

Diese offenbare Geringschätzung der Götter giebt der Künstler auch in ihrer Auffassung und Behandlung zu erkennen. Nichts von himmlischer Würde und Majestät! Der Merkur ist weit entfernt von der Schönheit und Feinheit des griechischen Götterjünglings. Er ist ein derber Geselle, nicht die Spur von Grazie in seinen Bewegungen, keuchend und hohnlachend schleppt er seine Last zum Zeus hinauf. Zeus aber gleicht ihm an Würdelosigkeit, er unterscheidet sich um nichts von den Männern auf der Erde, die an den Gewändern der Göttin zerren.

Die himmlischen Frauen, die um ihn versammelt sind und der Ankunft der Glücksgöttin entgegensehen, die auch nichts weniger als ein bezauberndes Antlitz hat, rufen, schreien und gesticulieren ebenso wie ihre irdischen Schwestern.

Der ganze Olymp sieht aus wie eine heruntergekommene Gesellschaft, die zur Aufbesserung ihrer Verhältnisse der Glücksgöttin ebenso zu bedürfen scheint wie die menschliche Gesellschaft auf Erden. Will man einen Vergleich machen, so bietet sich fast von selbst der mit den Göttergesprächen des Lukian, oder auch der mit den Operetten Offenbach's. Der Geist, der diesen Hexen-Sabbath geschaffen hat, ist der zersetzende Spöttergeist jenes Schriftstellers, der die alten Götter nicht mehr ehrt, oder der jenes leichten Musikers, der für die Himmlischen

Entführung der Fortuna.
Königl. Galerie zu Kopenhagen.

„Entführung der Glücksgöttin" von Nikolaus Knüpfer.
Pinselzeichnung im Museum zu Dresden.

nichts weiter übrig hat als eine Art burlesken Katzenjammers in den Tönen geschickt behandelter moderner Melodien.

Der höchste Grad von Verachtung der Jagd der Menschen nach dem Glück kommt hier zum Ausdruck. Und zwar in geistvoller Weise, mit einer künstlerischen Beherrschung der Massen, mit einer Tüchtigkeit des Zeichnens und Modellierens in Licht und Luft, mit einer Feinheit von Farben-Akkorden, mit einem Gefühl für Ton und Schönheit: dass der Vergleich mit den besten Meistern der Vergangenheit und Gegenwart gerechtfertigt ist.

Das ist in der That nicht zuviel gesagt.

Legen wir uns einmal mit Ernst die Frage vor: Verstehen Menzel und Pradilla so etwas in ihren kleinfigurigen, die Massen beherrschenden Bildern irgend wie besser? Wir möchten das nicht behaupten.

Aber dies Werk ist unserm Knüpfer nicht in den Schoss gefallen wie eine plötzliche Offenbarung. Es hat seine Vorstufen, anscheinend sogar gar nicht eine, sondern mehrere, es ist das Ergebniss einer langsam gereiften, immer wieder aufgenommenen Arbeit, die dadurch nichts von ihrem Werthe verliert.

Eine dieser Vorstufen nun ist das kleinere Bild in München.

Es ist derselbe Vorwurf, dieselbe Sache, wenngleich, für sich allein, nicht so schnell verständlich wie auf dem grösseren Bilde. Es fehlt aber der sich öffnende Himmel der Olympischen, Papst und Kaiser sind nicht mit in der Menge, sondern erscheinen nur als Bilder auf einem Teppich der Tempelhalle.

Dafür macht es aber den Eindruck, als wenn die Statue des Zeus, vor welcher das Opfer vollzogen werden soll, lebendig geworden wäre. Zeus ist unzufrieden mit dem Getobe der Menschen, er trampelt mit Händen und Füssen, er wirft seinen Blitz. Er hat buchstäblich seine statuarische Ruhe verloren.

Also auch hier dieselbe, fast noch ärgere Würdelosigkeit des Gottes wie auf dem grösseren Bilde. In den Hades, ihr unsinnigen Menschen ruft er wollt ihr meine Tochter Fortuna endlich einmal in Ruhe lassen! Auf mein Sohn Hermes, entführe sie von der Erde fort in den Olymp.«

Diese Deutung hat nun freilich das Münchener Bild bisher nicht gehabt. Man hat sich den Kopf darüber zerbrochen, was dieser Vorgang sei und bedeute. Erst das grössere Bild in Schwerin verbreitet das richtige Licht darüber.

Die Acten über das Schweriner Bild, das im Wesentlichen stets richtig gedeutet worden, gehen bis 1722 zurück.

Damals ging es, wie wir gesehen haben, von einer Privatsammlung des Haag[9]) in die andere über und brachte bei dieser Gelegenheit einen Preis, der für jene Zeit sehr hoch zu nennen war: 556 Gulden.

Wahrscheinlich kam es direkt aus dem Hause Fagel in die Galerie des Herzogs von Mecklenburg, der schon frühe zu sammeln begann und bis zu seinem Tode im Jahre 1756 seine Agenten wiederholt nach Holland schickte. Wir haben aber bis heute nichts Näheres hierüber ermitteln können.

Von 1792 an figuriert es in den gedruckten Katalogen der Schweriner Galerie. Vgl. Kat. S. 320.

Der gelehrte alte Sandrart beschreibt nun in seiner bereits genannten Akademie ein ganz ähnliches Bild, das er im Jahre 1666 bei einem Herrn Du Fay in Frankfurt sah, und nennt als Urheber desselben den Adam Elzheimer.

Aber seine Beschreibung leidet an Unklarheiten und beweist schon damit eine gewisse Mangelhaftigkeit der Ueberlieferung über dieses Bild. So nennt er z. B. die Gruppe in der Luft nicht Merkur und Fortuna, sondern sagt: ›In der Luft schwebet das Verlangen oder Contento in zweien anmuthigen Bildern vorgestellet.‹

Das sind unstatthafte Verschwommenheiten und Widersprüche. Verlangen ist ja das Gegentheil von Zufriedenheit und Contento.

Vergleicht man im Uebrigen seine Beschreibung, so stimmt sie zu dem Münchener Bilde besser als zu jedem andern.

Er könnte also immerhin gerade dieses Bild vor sich gehabt haben.

Dann aber irrt er in der Zutheilung an Elsheimer.

Und woher der Name Contento?

Der kommt ja nur auf dem Schweriner Bilde vor und passt hier sehr gut zu der Stelle wo er steht. Die Kinder, die den Drachen steigen lassen, sind ja eigentlich die einzigen, die zweifellos das Bild der Zufriedenheit darstellen. Wie das Räthsel lösen? Es gäbe eine Möglichkeit. Elsheimer könnte irgend ein Mal ein ähnliches Bild gemalt haben.

Ja es giebt sogar Spuren, welche auf ein solches Bild hinweisen. Es hängt nämlich in einem Zimmer der Residenz zu München ein Bild mit der Jahreszahl 1617 von einem Schüler und Nachahmer Elsheimer's, dem Johannes König, das dem Contento ähnlich ist und eine zweifellose Vorstufe von ihm darstellt, sich aber in vielen Einzelheiten, besonders in der Behandlung des Vordergrundes, von dem Bilde in der Pinakothek unterscheidet. Das könnte, wie gesagt, vermuthen lassen, dass Elsheimer der Vater des Gedankens wäre. Dann hätte Knüpfer, ebenso wie König, in späteren Jahren diesen Gedanken aufgenommen, ihn umgestaltet und zwar von Grund aus, nachher noch auf verschiedene Art variiert und zuletzt im Schweriner Bilde zum Abschluss gebracht.[10])

Aber wo ist dies Elsheimer'sche Bild? Niemand weiss davon.

Dass das Contento der Pinakothek kein Elsheimer ist, sondern von demselben Meister herstammt, der der Urheber des beglaubigten Schweriner Bildes ist, beweist die Vergleichung.

Prüft man im Münchener Bilde den Strich und die Führung der Hand, die Typisierung der Figuren, die Farbenakkorde und den zusammenhaltenden Grund- und Generalton, so sieht man sofort den durch die holländische Schule hindurchgegangenen Meister, speciell den in Bloemaarts Schule erzogenen Künstler. Man sieht einen gewissen naturalistischen Zug, den man in der Kunstgeschichte als holländischen Caravaggismus bezeichnet, und der besonders die Utrechter Schule kennzeichnet. Man sieht bei aller Vorliebe für ein buntes kräftiges Farben-Bouquet einen mit Grau gemischten ockerfarbigen Lehmton, wie er bei vielen Utrechter Meistern nachzuweisen ist.

Eine ganz besonders charakteristische Figur, eine ächte Utrechter Caravaggistengestalt, nur in kleinerem Format und mit feinerer Behandlung, ist die Venusdienerin rechts am Ende. Man braucht sich nur ähnliche Gestalten auf den grossen caravaggistischen Bildern der Honthorst, Bronchorst, Bylaert, Terbrügghen und Anderer in die Erinnerung zu rufen, um zu wissen, wess Geistes Kind das Bild ist. Eine solche Figur z. B. würde Elsheimer niemals gemalt haben.

Ferner zeigen die Photographien beider Bilder, des kleineren wie des grösseren, in ihren auf die Farbenakkorde schliessen lassenden Schatten- und Licht-

Werthen soviel Verwandtschaft, dass es kaum nöthig ist, noch auf weitere Uebereinstimmungen einzugehen.

Nichtsdestoweniger mögen einige Einzelheiten noch hervorgehoben werden. Abgesehen von den übereinstimmenden Bewegungen und den vielen nach oben zur Glücksgöttin emporschauenden und deshalb perspektivisch verkürzten Gesichtern, wie wir sie in beiden Bildern sehen und wie sie durch den gleichen Vorgang bedingt sind, fallen auch die Typen der Männer und Frauen beider Darstellungen als gleichartig auf. Das oft vorkommende rundlich gebildete Frauenantlitz ist immer dasselbe, ebenso das derbe und sinnlich gebildete Untergesicht der Männer mit offenem rufenden oder schreienden Munde.

Der reitende Ritter rechts auf dem Schweriner Bilde ist dem auf dem Münchener Bilde ähnlich. Oder besser gesagt: er ist hervorgegangen aus einer Zusammenschweissung des Münchener Ritters mit dem hinter der nackten Frauengestalt auf demselben Bilde einhereilenden jugendlichen Manne, der den Arm an den Kopf legt. Die lorbeerbekränzten Köpfe, welche im Vordergrunde des Schweriner Bildes sichtbar sind, erscheinen ebenso links vorne auf dem Münchener Bilde. Ja, bis in den Hintergrund hinein finden wir frappierende Uebereinstimmungen, wie die wettrennenden Pferde und Männer, welche an griechische und römische Spiele erinnern. Auch in Nebensachen liesse sich noch manches Aehnliche und Verwandte aufzählen, z. B. die Flechtung der Guirlanden, die ins Ziegelroth fallende Tönung der Gesichtswangen u. s. w. u. s. w. Prüfen wir aber das gegenseitige Verhältniss beider Bilder im Punkte der Anordnung des Ganzen, dann finden wir bald, dass das grössere Bild als das vollkommnere das kleinere bedeutend überragt.

Auf dem kleineren giebt es Compositionsschwächen, welche auffallen.[11])

Die den Vordergrund füllende Menschenmenge bildet eine dichte, schwere, eng zusammengekeilte Masse, welche sich von rechts nach links durch das ganze Bild schiebt. Die Masse ermangelt der natürlichen Verbindung mit den Spielen im Hintergrunde. Auch hebt sich die Gruppe des Merkur mit der Glücksgöttin nicht klar und verständlich genug aus dem Gedränge heraus.

Alles das ist auf dem grösseren Bilde anders und besser.

Das Volksgewoge des Vordergrundes ist hier lichtvoll und übersichtlich in Gruppen geordnet, die Opferstiere, welche im kleineren Bilde der Länge nach

„Jagd nach dem Glücke" von A. Elsheimer.

Gemälde in der Galerie des Museums zu Basel.

„Opfer zu Lystra" von A. Elsheimer.

Gemälde im Städel'schen Institut zu Frankfurt a. M

erscheinen, sind hier schräge gestellt und tragen somit zu der gelösten Erscheinung des Ganzen wesentlich bei. Eine Verbindung dieses Vordergrundes mit dem Hintergrunde ist dadurch in wirksamer Weise herbeigeführt, dass Kaiser und Papst, welche auf dem kleineren Bilde als eine Teppich-Darstellung an der Wand des Tempels erscheinen, auf dem grösseren Bilde in Wirklichkeit mit ihrem ganzen Gefolge von hinten her herangeritten kommen und somit die Menschenmassen nach dem Mittel- und Hintergrunde hin bedeutend ausdehnen.

Dasselbe Princip des Lösens und Leichtermachens herrscht auf dem grösseren Bilde in der Gestaltung der Architektur links und des Terrains rechts.

Kurzum, man sieht auf dem grösseren Bilde überall das Bestreben, die Composition in jedem Punkte der des kleineren Bildes gegenüber zu heben. Und zwar so, wie es einem Meister einfällt, wenn ihm das Werk als sein eigenes am Herzen liegt.

Das kleinere Bild ist eine Vorstudie zum grösseren gewesen.

Als der Meister das kleinere fertig hatte, gefiel es ihm nicht mehr. Aber der Gegenstand war ihm zu interessant, um ihn fallen zu lassen. Er nahm ihn wieder auf. Zuletzt gelang er ihm in dem grösseren Bilde zu seiner und, sagen wir, auch zu unserer vollen Zufriedenheit. Der Name Contento aber wird durch irgend Jemand, der für die Grundabsicht des Künstlers kein Verständniss hatte (also gewiss nicht durch Knüpfer selber), von der Drachen-Inschrift des grösseren Bildes auf die ganze Composition beider Bilder übertragen worden sein.

Ja, es giebt noch andere Bilder mit Glücksjagden, die als Vorstufen zum Schweriner Bilde anzusprechen sind.

Eine besitzt das Museum in Basel. Da ist der Gegenstand wieder etwas anders behandelt. Es ist weniger gut als die beiden, welche wir eingehender betrachtet haben. Aber es ist vielleicht das erste unter allen, früher noch als das Bild von Johannes König, viel früher also als die beiden Bilder von Knüpfer. Ja, so fragen wir, sollte es vielleicht das gesuchte Bild Elsheimer's sein und als solches zu seinen unreiferen Jugendwerken gehören? (S. Nachtrag.)

Diese Mehrheit gleichartiger Bilder eines und desselben Vorwurfes kann uns nicht Wunder nehmen. Wir haben auch in neuerer Zeit Beispiele davon, dass Künstler einen und denselben Gegenstand immer wieder vornehmen, bis er ihnen endlich so gelingt, wie sie es wollen. Wieviele Stadien fast fertiger Bilder hat z. B. die Medea von Anton Feuerbach durchlaufen, bis sie das wurde, was sie in dem Bilde der neuen Pinakothek geworden ist, einem der grössten und ergreifendsten Werke unseres Jahrhunderts?

Aehnlich erging es unserm Knüpfer. Es war ein schweres Thema, erst zu allerletzt wurde etwas aus der Sache.

Ausser den vorerwähnten Bildern kennt man jetzt noch ungefähr zwanzig Werke von Knupfer, die entweder durch eigenhändige Aufschrift des Meisters beglaubigt, oder durch vergleichende Studien sichergestellt sind.

So klein nun diese Zahl im Vergleich zu den Werken Anderer ist, so wird doch die Art des Meisters daran ausreichend offenbar.

Wohl die Hälfte ist biblischen Inhalts, es sind grösstentheils Werke mit geschlossenem Licht im Innenraum, z. B. Salomo mit der Königin von Saba (Privatbesitz in Breslau), Salomo mit fremden Weibern Götzen anbetend (Braunschweig, Herzogliches Museum).

Ausserdem kennen wir aus der Bibel die Bilder: Traumdeutung Joseph's im Kerker, bei ihm der Mundschenk und der Bäcker Pharao's (Schwerin, Grossherzogliches Museum); Tobias und seine junge Gattin (Utrecht, Museum); Esther vor Ahasverus (Petersburg, Eremitage); der arme Lazarus vor der Thür des Reichen (Lüttich, Städtisches Museum, dort unter dem Namen von J. B. Weenix, nach Mittheilung von Hofstede de Groot); Fusswaschung des Herrn, also Christus und die zwölf Apostel (Schwerin, Grossherzogliches Museum); die Predigt des Paulus vor Festus in Gegenwart des Agrippa und der Berenike (Kopenhagen, Königliche Galerie).

Ein besonderes charakteristisches Bild unter diesen ebengenannten ist das des jungen Tobias und seiner Gattin vom Jahre 1654. Beide beginnen ihre Ehe mit Gebet. Aber die junge Gattin scheint nicht recht aufmerksam zu sein. Die Gruppe erinnert an die Einsegnung des jungen Paares auf dem Schweriner Bilde (s. o.). Sie erinnert auch an den Ehekontrakt in der Galerie zu Braunschweig, eins der berühmtesten Werke des Jan Steen, der, wie bereits bemerkt, ein Schüler des Knüpfer war.

Fusswaschung der Jünger.

Grossherzogl. Galerie zu Schwerin.

Joseph's Traumdeutung.
Grossherzogl. Galerie zu Schwerin.

Gebet des Tobias und der Sarah.

1651.

Im Museum zu Utrecht.

In ihrem Triebe, die Scenen schalkhaft und mit Humor zu behandeln, begegnen sich beide, Meister und Schüler. Aber bei Knüpfer finden wir bisweilen einen Zug schärferen Spottes, bei Steen mehr Harmlosigkeit. Knüpfer muss herbere Lebenserfahrungen gemacht haben.

Werfen wir einen Blick auf seine übrigen Werke.

Das in seiner Art allein dastehende Bild in der Universitäts-Galerie zu Stockholm zeigt den Tod eines Europäers, der auf eine Insel gerathen ist, die von Wilden bewohnt wird. Wahrscheinlich wird ein Ereigniss aus dem Seeleben der Holländer den Anlass dazu gegeben haben.

Auch Geschichtsbilder des Alterthums giebt es von Knüpfer's Hand: in der ehemaligen Sierpstorffer Galerie ein Bild, wie Crösus dem Solon seine Schätze zeigt, so recht ein Vorwurf für einen Künstler, der die Pracht der Farben liebt; im Ryksmuseum zu Amsterdam einen Cincinnatus, den die Römer vom Pfluge weg zum Diktator holen.

Ebenso übte das alltägliche Leben seine Reize auf ihn.

So zeigt das zweite Bild in Schweden (Sammlung Ugglas) das oft von holländischen Malern behandelte Thema des Arztes, der die Diagnose stellt. Einen solchen finden wir auch auf dem Cassler Bilde, das eine ganze Folge von Scenen aus dem täglichen Leben behandelt: die Werke der Barmherzigkeit. Hier ist ferner anzureihen das Bild in der Grossherzoglichen Galerie zu Oldenburg: Venus auf dem Bett, nicht die himmlische, sondern eine irdische mit Liebesgott und Hauswirth.

Das reizendste Sittenbild aber ist das in Dresden, welches uns das Familienglück des Meisters in anmuthigster Weise vor Augen führt. Sein Portrait stimmt aufs Beste mit dem des Schweriner Bildes und mit dem bekannten Stich des Petrus de Jode von 1649 im Gulden-Cabinet, nur etwas jünger noch erscheint der Meister auf dem Dresdener Bilde. In seinem Gesicht fällt das Hervortreten der Backenknochen auf. Seine ganze Gestalt macht den Eindruck von Kraft und Gesundheit. Sein Blick hat Schärfe.

Den rundlichen Gesichtern seiner Kinder begegnen wir oft in seinen Bildern Auch seine Gattin, wahrscheinlich eine frische frohe Holländerin, macht einen vortheilhaften Eindruck. Wir meinen ihr u. a. auf dem Cassler Bilde zu begegnen, auf der Estrade, oberhalb des Mannes mit den Krücken.

Das Bild in Prag (Sammlung Nostiz), auch ein wohlerhaltenes farbenprächtiges Werk, zeigt Diana und ihre Nymphen im Bade.

Ein Bild seiner Jugendzeit, Odysseus und Nausikaa, hat er später in einer von ihm selbst mit seiner bekannten, auf allen gezeichneten Bildern sich gleichbleibenden charaktervollen Schrift beglaubigten Zeichnung des Berliner Kupferstich-Cabinets wieder aufgenommen.

Auch die Allegorie, als welche wir die Jagd nach dem Glück in Schwerin, München, Basel und anderswo ansprechen dürfen, hat er sonst noch gepflegt, so z. B. in dem zweiten Bilde der Königlichen Galerie zu Kopenhagen. Der Katalog beschreibt es folgendermassen: Der Gott Merkur hat Psyche umfasst und trägt sie zum Olymp empor. Aber die Gestalten des Ehrgeizes, der Verschwendung und der Wohllust suchen sie auf Erden zurückzuhalten. Ist das richtig? fragen wir. Haben wir nicht auch hier statt der Psyche vielmehr die Glücksgöttin vor uns? Dieses zweite Kopenhagener Bild ist ebenso wie das Schweriner durch eigenhändige Aufschrift des Meisters beglaubigt, nur fehlt das Datum.

Hierher gehört ferner das schön erhaltene Rotterdamer Bild im Privatbesitz des Herrn Joseph de Knyper, das als eine Verherrlichung aller Gaben des Weingottes oder auch als Lobpreisung von Weib, Wein und Gesang aufzufassen ist und eine Reihe leicht verständlicher schalkhafter Züge enthält. Zum Vivat Bachus , das von allen Dargestellten in verschiedener Art zum Ausdruck gebracht wird, erschallt Musik, die ein vor einem orgelartigen Instrument sitzender Mann hervorbringt. Im Hintergrunde erscheinen Bock und Schwein, letzteres als Säulenheiliger.

Wir schliessen hiemit die Reihe seiner Bilder, behalten uns aber vor, im Nachtrag noch auf einige andere einzugehen.

Hoffen wir, dass das Glück, welches die Utrechter Ausstellung mit der Hervorbringung eines bis dahin ganz unbekannten ausgezeichneten Werkes des Meisters hatte, sich bei anderen Gelegenheiten wiederhole.

Es bliebe nun noch die Frage übrig, ob und wieviel Anlass zur Gliederung seiner Werke nach Perioden gegeben sei. Allerdings haben wir einige Anhaltspunkte für einen Versuch in dieser Richtung, aber, wie wir schon sahen, nur äusserst

Wein, Weib und Gesang.

Rotterdam, im Privatbesitz des Herrn J. de Kuyper.

wenige, und wir wollen es gleich sagen, dass es uns ferne liegt, mit Hypothesen von Bild zu Bild eine Stufenleiter aufzubauen. Was uns gewiss erscheint, ist dies, dass die Kunstanschauungen Rembrandt's, dessen grossartige und erfolgreiche Behandlung von Problemen des geschlossenen Lichtes in der ganzen Kunstwelt eine Art von Aufruhr verursachten, ihn nicht unberührt liessen, und was wir glauben möchten, ist dies, dass die breiter und weicher gemalten, in der Regel auch mit grösseren und wenigeren Figuren ausgestatteten Bibelbilder, in denen dieser Einfluss Rembrandt's zu Tage tritt, der Mehrzahl nach den ersten anderthalb Decennien seiner Thätigkeit, etwa von 1630 bis 1645 hin, angehört, die feiner und zierlicher gemalten ›Historien‹ aber — um den Sandrart'schen Ausdruck zu gebrauchen , nach Maassgabe des Schweriner Bildes von 1651 mit seinen Vorstufen und des Utrechter Bildes von 1654, wesentlich in die letzten anderthalb Decennien seines Lebens zu setzen sind. Diese letzten Werke sind es, in denen die Kunstrichtungen, die sein Leben nach einander beherrscht haben: die blühende Vielfarbigkeit der Bloemaart'schen Schule, die Neigung der Caravaggisten, schwierige zeichnerische Probleme perspektivischer Verkürzung zu überwinden, und Rembrandt'sches Helldunkel, womit er die Bloemaart'schen Farbenakkorde zusammenstimmt und oft, weit über Bloemaart hinaus, in anziehendster Weise verfeinert zu harmonischer Verschmelzung mit einander gelangen.

Um nun näher auf die hier vorgeführten Bilder einzugehen, so möchten wir z. B. das Dresdener Familienbild zeitlich nicht weit von dem figurenreichen Cassler Bilde entfernen, finden wir doch in diesem die Verwendung von Studien an seiner Frau und seinen Kindern in der Gruppe auf der Estrade. Nun ist aber Knüpfer auf dem Familienbilde offenbar ein Mann im Alter von 35 bis 40 Jahren; darnach könnten beide Bilder um 1640 herum entstanden sein. Die beiden Schweriner Bibelbilder und das Breslauer Bild aus dem Leben Salomo's dagegen möchten wir etwas später setzen, die Fusswaschung z. B. nicht weit ab von dem Opfer Salomo's, und letzteres wiederum nicht allzu weit vom Schweriner grossen Contento entfernt, also nicht allzuviel vor 1651. Man vergleiche nur die Kopfstellung des Petrus, welchem Jesus die Füsse wäscht mit der Kopfstellung des knienden Salomo, der das Räucherfass schwingt, und den mit einer Art Pelzmütze bedeckten Jünger, der hinter dem Tisch das eine Bein auf einen Stuhl gestellt hat und damit beschäftigt ist, es zu entkleiden, mit einem der Begleiter Salomo's, der auch eine Pelzmütze trägt, sowie andererseits die Gestalten der beiden Priester auf dem Bilde des Salomo mit zwei Gestalten des Schweriner Bildes von 1651, dem Priester, der das Ehepaar einsegnet, und dem, der zwischen den Opferstieren und Lämmern vom Rücken gesehen wird, und dessen Haupt bekränzt ist.

Wie nahe wiederum dem Schweriner Bilde die Allegorien in Rotterdam und Kopenhagen stehen, zeigt allein schon das weibliche Modell der Bacchantin des Rotterdamer Bildes, welches mit dem der Glücksgöttin auf dem Kopenhagener und Schweriner Bilde und wahrscheinlich auch mit dem der Venusdienerin auf dem Münchener Bilde identisch ist.

Endlich hat das Utrechter Tobias-Bild von 1654 wieder Manches, das es mit den vorgenannten verbindet. Man vergleiche nur den Tobias und seine Gattin mit dem Ehepaar auf dem Schweriner Bilde, das vom Priester eingesegnet wird, sowie die Engelgruppe dort mit den geflügelten Putten des Kopenhagener Bildes.

So fügt sich eins zum andern.

Die Anreihung weiterer Bilder aber unterlassen wir hier absichtlich. Mit Notizen, die schon Jahre lang in den Kollektaneen aufgespeichert liegen, baut es sich unsicher: alles Einzelne aber wieder und wieder zu sehen und zu vergleichen ist nicht immer möglich. Wir hoffen aber, mit den hier gegebenen Werken einen Grundstock geschaffen zu haben, an den sich Weiteres in Zukunft leicht anreihen lassen wird.

Fassen wir am Schluss das Urtheil über Knüpfer kurz zusammen, so scheint uns Folgendes gesagt werden zu können: Knüpfer verdankt seine künstlerische Ausbildung und Bedeutung den Holländern, dem Bloemaart und dessen Caravaggistenschule, sowie dem mächtigen Einfluss der Rembrandtschen Werke. Aber neben lustiger Schalkhaftigkeit treten uns Züge von Spott und Bitterkeit entgegen, die sich möglicherweise aus seinen Erlebnissen als Deutscher und seinem Verhältniss als Fremder am Orte, wo er lebte, erklären, und die schwerwiegend genug erscheinen, um ihm Stellung eines eigenartigen Künstlers unter seinen Zeitgenossen zuzuweisen.

Von dieser Sinnesart mag immerhin etwas in die Werke seiner Schüler Jan Steen und Ary de Vois[12]) übergegangen sein, denn wir begegnen bei ihnen bisweilen

„Werke der Barmherzigkeit" von Nicolaus Knüpfer.

Gemälde in der Galerie zu Cassel.

einer ähnlichen Launenhaftigkeit. Im Uebrigen aber ist Knüpfer von einer so eigenartigen Erscheinung, dass wir keinen einzigen unter den Holländern wüssten, den wir als ähnlichen oder gleichartigen Meister neben ihn zu stellen hätten. Wieviel kunstverwandte Meister hat z. B. sein Utrechter Zeitgenosse Poelenburg neben sich! Wieviele gleichartige Schüler zählen die Moreelse, Honthorst u. s. w. u. s. w.

Knüpfer steht neben allen diesen als ein fremdartiger, nicht immer, aber oft überraschend ansprechender Meister da, der überall das eingehendste Naturstudium verräth, die Einzelfigur mit grösster Gründlichkeit und Gewissenhaftigkeit behandelt und in der Anordnung und Vertheilung der Massen sehr viel Geschick und Geschmack verräth. Unter glücklicheren Sternen würde sich sein grosses Talent gewiss noch glücklicher entwickelt haben. Seine Anerkennung in der Kunstgeschichte ist aber theilweise dadurch beeinträchtigt worden, dass Werke, die ihm gehören, Anderen zugeschrieben worden sind. Er verdient daher unsere Aufmerksamkeit in hohem Grade, und die Kunstgeschichte hat ihm ohne Frage mehr Interesse zu beweisen als bisher.

Anmerkungen.

[1]) Nachträglich hat ihm freilich Bode — was nicht verschwiegen werden darf — in seinem Werk über die Grossherzogliche Gemäldegalerie (Graphische Künste XIV, 4. Heft, Wien 1891, S. 70) auf Grund der Bilder Nr. 567—569 des Schweriner Kataloges vom Jahre 1882 eine gerechtere Würdigung zu Theil werden lassen. Aber er betont den Einfluss Elsheimer's mehr als richtig ist und drängt das Verhältniss zu Abraham Bloemaart, dessen Colorit einen grossen und nachhaltigen Einfluss auf Knüpfer ausgeübt hat, zu sehr in den Hintergrund.

[2]) Nicht Knupfer, sondern Knüpfer (im Gegensatz zu Granberg, Collection privées de la Suède (1886), S. 294). So lautet auch heute noch der sächsische Familienname, den sein Träger nach sächsischer Mundart (z. B. »schichtern« für »schüchtern«) als »Knipfer« ausgesprochen haben wird, und aus dem die Holländer in Folge dessen »Knipper« gemacht haben. Wenn er selbst in seinen Bezeichnungen nicht ü, sondern u schreibt, so kann das nicht Wunder nehmen, denn in Holland that ihm Jedermann den Gefallen, den »Knupfer« geschriebenen Namen als »Knüpfer« auszusprechen.

[3]) Victor de Stuers in Obreen's Arch. voor Nederland'sche Kunstgeschiedenis II, S. 78, 81, 83, 87, 89, 92.

[4]) Vgl. Hofstede de Groot: Quellenstudien zur holländ. Kunstgeschichte, S. 228 ff. Die Unterschrift lautet: »NICOLAS KNVPFER. Peintre artificieux en figures. Il fit son apprentissaige a Lipsic, chez Emmanuel Nysen — l'an 1603 . et du depuis a Magdembourg. Il vint l'an 1630 . tenir sa residence en Vtrecht, chez Abraham Blommart, ou il a mis au jour quantité de pieces admirables tout pour le Roy de Dannemarc, comme pour aultres grands Princes et personnes curieuses. Nicolas Knupfer pinxit. P. de Jode sculpsit. Joannes Meyssens excudit.« — Eine Frage ist nun die, wer Recht hat, die Unterschrift, die den N. Knüpfer schon 1603 in die Lehre eintreten lässt, oder die späteren Schriftsteller, welche, de Bie voran, aus 1603 das Geburtsjahr des Künstlers machen und in der Unterschrift stillschweigend ein Versehen annehmen. Das Bild selbst entscheidet, wie wir meinen, die Frage zu Gunsten der Biographen, nicht der Meyssens'schen Unterschrift. Dr. Sysmus dagegen (s. Anmkg. 6) folgt der Unterschrift des Stiches.

⁵) Nach früheren brieflichen Mittheilungen von Hofstede de Groot, der auf Bitten des Verfassers darnach forschte, und nach späteren weiteren Bestätigungen vom Archivdirektor Wustmann im Leipziger Tageblatt vom 14. Januar 1895. Vgl. I. Beilage zu Nr. 41 vom 23. Januar 1895. Ferner Hofstede de Groot, Quellenstudien zur holländ. Kunstgeschichte (Houbrakens Schouburgh), S. 238, 253.

⁶) Bredius in Oud-Holland VIII (1890), S. 304: »Nicolaes de Knuper (Knüpfer) discipel van Emanuel Niese te Leipsig, 1603, en daerna te Magdeburg, quam te Utert 1630, by Abram Blommert, pinxit 3 stuk p. rege Daniae . Pictus a se ipso.« Mit diesem hinterhergenannten Selbstporträt wird das von P. de Jode gestochene Gemälde gemeint sein, über dessen Verbleib nichts bekannt ist.

⁷) Dry constighe Stucken afbeldende fyn Gheflacht en andere Veltflaghen, daer fyn Voorouders in gheweeft en de victorie behouden hadden. Vgl. Het gulden Cabinet, S. 116. Nach Nagler's Mittheilung gingen diese Stücke 1794 im Schlossbrande von Kopenhagen zu Grunde.

⁸) Teutsche Akademie II, S. 307.

⁹) Für die Behauptung Kramm's, dass Knüpfer lange im Haag gewohnt habe, ist unseres Wissens bis heute ebensowenig ein Beweis erbracht, wie für das von ebendemselben angegebene Todesjahr 1660.

¹⁰) Wir geben die Möglichkeit zu, dass Nikolaus Knüpfer in Utrecht an jener Begeisterung für Elsheimer, den grössten Fein- und Kleinmaler Deutschlands, theilnahm, die dort der von Rom nach Utrecht zurückgekehrte Ritter Goudt mit seinen bekannten sieben Stichen verbreitet hatte. Gewiss ist es freilich keineswegs. Denn Adam Elsheimer war bereits 1620 in Rom gestorben, Goudt in Utrecht im Jahre 1630, als Knüpfer eben dahin kam. Direkte Einwirkungen sind also unmöglich. Der Trieb zur Fein- und Kleinmalerei findet sich bei beiden, bei Elsheimer und Knüpfer, im Uebrigen aber sind sie in vielen Stücken grundverschieden, besonders in ihren Typen, in denen Elsheimer zu den Italienern, Knüpfer zu den Holländern neigt. Elsheimer ist ein viel feinerer und grösserer Landschafter als Knüpfer. Von Elsheimer giebt es bekanntlich eine Brücke zum Claude Lorrain, wie es eine kunstgeschichtliche Brücke von dem grossen flandrischen Landschafter Paul Bril zu Elsheimer giebt. Die Landschaft dagegen gilt dem Knüpfer weniger. Dafür beherrscht er die Figuren-Massen in seinen grösseren Compositionen mit mehr Geschick und Glück als Elsheimer, der kleinere Gruppen vorzieht und sie der Landschaft so viel wie möglich unterzuordnen sucht. Von diesem Gesichtspunkt aus ist ganz besonders der Untergang jener Bilder zu bedauern, die er für Dänemark gemalt hatte. Ob er selber nach Dänemark ging, wissen wir nicht, ebenso wenig wissen wir, ob er die Mauern Roms von Angesicht zu Angesicht gesehen, oder ob er seine Phantasie-Architekturen, in denen in der Regel, dem Geschmack zahlreicher anderer holländischer, besonders auch Utrechter Meister entsprechend, die römischen Formen vorherrschend sind, nach den Bildern Anderer aufgebaut hat.

¹¹) An dem Festhalten der Benennung des Münchener Bildes mit Elsheimer offenbart sich die Macht der Tradition, welche, je älter sie ist, desto fester und unverlierbarer die Menschen in ihren Bann zieht. Eigentlich gehört wenig dazu, um schon in der alten Pinakothek selber an Ort und Stelle zu sehen, dass, wenn — woran nicht im Mindesten zu zweifeln ist — der

Brand von Troja von Elsheimer ist, das Contento unmöglich sein Werk sein kann, mag ihm sonst eine noch so proteusartige Natur vindiciert werden. Sehr in die Augen springend ist die Uebereinstimmung der malerischen Technik des Brandes von Troja mit dem köstlichen Landschafts- und Figurenbild ›Joseph im Brunnen« in der Königlichen Galerie zu Dresden, welches von derselben hohen entzückenden Naturpoesie Elsheimer's erfüllt ist wie, um nur wenige zu nennen, die verschiedenen Landschaften mit der ›Flucht nach Aegypten«, die der Jugendzeit Elsheimers zugewiesene Tempel- und Flusslandschaft in der Herzoglichen Galerie zu Braunschweig, und vor allen die wundervolle Landschaft aus der Sammlung Pein mit der Darstellung des barmherzigen Samariters. Ueberhaupt legt Elsheimer im Gegensatz zu Knüpfer den Schwerpunkt seiner Kunst in die Landschaft. Indessen das Münchener »Contento« gilt nun einmal in allen Abhandlungen über Elsheimer, von Sandrart's Zeit bis in die Gegenwart, die von Bode und Seibt (Studien z. Kunst- und Kulturgesch. IV) nicht ausgenommen, als ein unzweifelhaftes Werk Elsheimer's. Es ist z. B. das einzige unter den ihm zugeschriebenen Werken der Alten Pinakothek, welche der mit Lichtdrucken ausgestattete Katalog in einer Abbildung bringt. Auch der Schweriner Katalog hat sr. Zt. den Irrthum unterstützt, indem er den ersten Hinweis auf die Verwandtschaft mit dem grösseren und vollendeteren Werk des Knüpfer vom Jahre 1651 brachte und damit eine Einwirkung Elsheimer's auf Knüpfer begründete, die nachher weiteren Eingang fand (Bode, Graphische Künste XIV, S. 71 und Wörmann, Gesch. d. Malerei III, S. 568). Bode und Seibt haben ferner in ihren bekannten Abhandlungen auf Studien zum Contento in dem sog. Elsheimer'schen Skizzenbuch (besser Sammelband von Zeichnungen Verschiedener) hingewiesen und eine Reihe von Blättern als in dieser Beziehung bedeutsam bezeichnet. Wir gestehen, dass wir bei Gelegenheit der Prüfung dieser Blätter im Frankfurter Museum mehr Fragen als Gewissheiten gefunden haben, wollen aber unsere Notizen hierhersetzen:

»Ein Blatt, das im Sinne des Contento behandelt zu sein scheint, ist 47 (5871). Da sieht man links aus der Menschenmenge heraus eine Figur in die Lüfte emporgetragen werden, die an den Merkur mit der Fortuna auf dem Münchener Bilde erinnern könnte. Auch gewahrt man, wie auf diesem, rechts einige Reiter, aber zwingende Momente für die enge Beziehung beider Gruppen auf einander sind nicht gegeben. Etwas mehr scheint dies bei 49 (5987) der Fall zu sein, welches wettrennende Pferde und nackte Wettläufer darstellt. Dickstrichige Zeichnung bei beiden, breite Tuschmassen. Sie könnten vielleicht von Elsheimer sein, aber ist es gewiss? Das Blatt 40 (5974) ist wieder gar nicht im Contento unterzubringen, es sind gehende Engel und Kinder. Ebensowenig die Gruppen zu Fuss und zu Pferde auf 35 (5841). Dasselbe gilt von den Blättern 74—78 (5994, 5946, 5922, 5945, 5932). Der Reiter auf 78 ist als galoppierender Kriegsmann dargestellt und so allgemeiner Art, dass er in gar keine Beziehung zum Contento gesetzt werden kann. Auf 74 findet sich ausser einem Ringeltanz nackter Figuren im türkischer Reiter, welcher still zu halten scheint. Aber keine zwingende Beziehung zum Contento, ebenso nicht in den beladenen Pferden und in den gehenden Gruppen von Männern, Frauen und Kindern der übrigen Blätter. Andere Blätter aber als diese kommen überhaupt nicht in Frage.«

Es ist gewiss, dass viel zu schnell Behauptungen aufgestellt worden sind, welche sich nicht halten lassen. Aber gesetzt den Fall, diese Blätter und ebenso die von Bode genannten

Zeichnungen in der Albertina, wären wirklich von Elsheimer's eigener Hand und wirklich Studien zu einem und demselben Bilde, so wäre damit nichts weiter bewiesen, als dass Elsheimer ein ähnliches Bild wie das sog. Contento von Knüpfer gemalt haben könnte. Giebt es übrigens doch auch im Museum zu Dresden eine in dieser Beziehung äusserst wichtige, ähnlich wie das Schweriner Bild eigenhändig bezeichnete braun getuschte Pinselzeichnung von Nikolaus *Knupfer 1651* Knüpfer, h. 197 mm, br. 153 mm, welche Wörmann mit folgenden Worten beschreibt: »Auf Geheiss der Göttin entführt Merkur das Glück, das in Gestalt einer nackten Frau der Erde entschwebt. An ihrem herabgleitenden Gewande zerren entsetzte Menschen, die am Boden liegen oder stehen. Bezeichnet unten rechts. Alter Bestand der Sammlung; 1894 aus dem Vorrath.« Vgl. Dresdener Handzeichnungen, Mappe III, XXIV, Nr. 2.

Vor allen Dingen aber muss hier noch mit einem anderen Irrthum aufgeräumt werden. Bode nennt das Bild des Johannes König vom Jahre 1617 in der Residenz zu München eine Copie nach dem Contento in der Alten Pinakothek. Das könnte den Glauben erwecken, als ob beide Bilder genau dieselben wären. Das ist aber nicht der Fall. Ich lasse hier einen Brief von Herrn Professor Dr. Franz von Reber folgen:

»Im Besitze Ihres werthen Schreibens vom 23. December 1892 habe ich nicht gezögert, das König'sche Bildchen in dem mit den König'schen Miniaturen vertäfelten Kabinet oder sog. Leichen-Zimmer der Residenz aufzusuchen. Es ist zweifellos bezeichnet:

Joanis König
Norimbe Fecit
16 17.

»Das Bild ist jedoch nicht identisch mit unserm Knüpfer, sondern scheint nach dem Originale unseres Knüpfer copiert. Dass statt der Gobelingemälde (Papst zu Pferde etc.) nur Ornamente auf den Vorhängen links angebracht sind, wäre noch das Geringste: die Vereinfachung könnte von Herrn König herrühren. Aber der ganze Vordergrund ist mit Emblemen bedeckt, da sind Tiara und Kaiserkrone etc., Waffen verschiedener Art, musikalische Instrumente mit aufgeschlagenem Musikheft, Kartenblätter etc., von welchen auf unserem Bilde nur die Laute wiedergegeben ist. Auf unserem Bilde ist auch aus der männlichen bekleideten Figur, welche im Hintergrund in der Tempelruine steht, eine weibliche nackte Statue mit Schild und Fähnchenspeer geworden.«

»Die »Jagd nach dem Glück«, wie Sie vorgeschlagen haben, ist wohl die glücklichste Bezeichnung des Bildes, sie wird auch durch die vorne liegenden Embleme, ebenso wie durch die Hintergrundscene sehr unterstützt.«

»Der Stich von Martini mit der Randbezeichnung »Elzheimer« an der linken Ecke und mit der Inschrift »du Cabinet de Mr. Poullain« ist nach unserem Bilde gemacht, wenn es auch nicht an einigen Varianten fehlt, das König'sche Miniatur aber zweifellos nach einem Bild, das unserem zeitlich vorausgeht, aber von unserem Bild nicht soweit verschieden ist, wie das Ihrige von dem unsrigen.«

»Hoffentlich werden Sie dem Elsheimer'schen Urbilde noch auf die Spur kommen.«

Vorläufig wird mit dem König'schen Bilde nur bewiesen, dass der Vorwurf des Knüpfer'schen Bildes auf einen älteren Gedanken zurückgeht, an dessen künstlerischer Gestaltung auch Andere mitgearbeitet haben. Die Gestaltung dieses Vorwurfs im sog. Contento der Alten Pinakothek und seine schliessliche Vollendung im Schweriner Bilde von 1651 bleibt trotzdem immer das geistige Eigenthum unseres Knüpfer: si duo faciunt idem, non est idem.

Es bleibt somit nichts übrig, als den Einfluss der Werke Elsheimer's auf die Kunst Knüpfer's zurückzuschrauben, wenngleich zugegeben werden soll, dass solche Werke, wie der Besuch des Jupiter und Merkur bei Philemon und Baucis von Elsheimer, von dem der Goudt'sche Stich in Utrecht wohl zu Knupfer's Kenntniss gelangt sein wird, einen Zug aufweisen, der den Werken des Letztgenannten homogen ist. Ferner ist das Opfer zu Lystra« im Städel'schen Institut, das den früheren Werken des Elsheimer zugerechnet wird, ein Bild mit einer stark an die Art des Frans Francken II. erinnernden Massendarstellung, welche, wenn Knüpfer das Bild gekannt haben sollte, befruchtend auf ihn gewirkt und in ihm die Idee erzeugt haben könnte, etwas Aehnliches, aber künstlerisch Wirksameres hervorzubringen. Wiederum dem »Opfer in Lystra« sehr verwandt ist das Bild im Museum zu Basel Nr. 113. Auch hier findet sich ganz die Art des Frans Francken. Dass dieses Bild, welches nicht die Fabel von Peleus und Thetis, wie der Katalog angiebt, sondern unzweifelhaft eine Jagd nach dem Glück im Sinne Knüpfer's darstellt, von Knüpfer selber sein sollte, wollte uns bei eingehenderer Vergleichung nicht in den Sinn. Immer wieder verdrängte die offensichtliche Uebereinstimmung mit der Art des Frans Francken jeden Versuch, es in eine andere Richtung zu bringen. Der Gedanke, dass in diesem Bilde möglicherweise ein Originalbild des Elsheimer aus seiner ersten Periode vorliegen könnte, ist erst nachträglich in uns aufgestiegen. Wäre das Baseler Bild wirklich ein Jugendwerk von Elsheimer, dann wäre die Quelle gefunden, dann würde aber auch der Vergleich mit den beiden Bildern in München und Schwerin sehr schnell die ausserordentliche Ueberlegenheit Knüpfer's darthun. Doch bedarf die eben angeregte Frage einer erneuten Prüfung. Vgl. Nachtrag.

[12]) Auf eine Anfrage nach weiterem archivalischen Material über das Verhältniss zwischen Meister und Schülern schreibt Bredius: »Die Archive haben mich belehrt, dass Ary de Vois aus Utrecht gebürtig ist, also als ganz junger Mann wohl die ersten Anfänge der Malerei bei Knüpfer gelernt haben kann. Dafür, dass Steen in Utrecht war, giebt es keine Belege. Knüpfer habe ich auch nicht in Leiden gefunden.«

Trotzdem darf Houbraken's Angabe über Jan Steen's Lehrzeit bei Knüpfer noch nicht gleich in Zweifel gezogen werden. Sie könnte sogar durch eine Reihe seiner Werke gestützt werden, in denen die Farbenstimmung der Utrechter Schule zu spüren ist, wenn nicht zugegeben werden müsste, dass diese Wahrnehmung auch auf andere Art sich erklären liesse.

Berichtigung zu Seite 16. Als Beispiele für die Behandlung von Scenen mit geschlossenem Licht hätten die Bibelbilder in Schwerin und Utrecht, nicht die in Breslau und Braunschweig, genannt werden sollen.

Nachtrag.

ine am 15. Mai d. Js. aufs Neue in Basel vorgenommene Prüfung des Gemäldes Nr. 113 in der Galerie des dortigen Museums hat dem Verfasser die Ueberzeugung gegeben, dass es thatsächlich das gesuchte Originalwerk Elsheimer's ist und dass jeder Gedanke an einen anderen Meister als Urheber, besonders auch der an Knüpfer, wie er zuerst dem Verfasser nahegelegt wurde, unbedingt aufzugeben ist. Die Ueberzeugung von der Autorschaft Elsheimer's wird zur Gewissheit, wenn man das Bild zu Basel mit dem Elsheimer'schen »Opfer zu Lystra« im Städel'schen Institut zu Frankfurt vergleicht. Es kann gar kein Zweifel darüber sein, dass beide von einer Hand herstammen und zeitlich nicht weit von einander entfernt sind. Ja, man möchte behaupten, dass die eine Composition die andere veranlasst habe, nur dürfte es nicht mit voller Gewissheit zu sagen sein, welche die erste war. Man prüfe nur die Gesichtstypen, die Männer mit Turbanen und langen Gewändern, die breitnackigen Stiere mit kleinen Köpfen, welche am Altar geopfert werden sollen, die Altäre selber, die beiden sich über den Vorgang unterhaltenden Reiter, welche auf dem Baseler Bilde einmal, auf dem Frankfurter aber sogar zweimal vorkommen, die Säulen im Hintergrunde u. a. m. Die Hauptsache aber ist, dass auch die ganze Technik im Baseler Bilde bereits mit Bestimmtheit als eine Vorstufe jener bekannten reizvollen Technik der Werke kleineren Formates aus Elsheimer's Blüthezeit mit ihren satten tiefen Farben und ihrem feinen und dennoch so kräftig erscheinenden Impasto zu erkennen ist. In dieser Beziehung ist besonders auf das Liebespaar links im Vordergrunde und auf das köstlich behandelte Laubwerk der Tempelguirlanden des Baseler Bildes aufmerksam zu machen. Auch die Kronen der Bäume, die zwischen den Tempelsäulen vom Hintergrunde her sichtbar werden, haben schon ganz den Charakter des bekannten Elsheimer'schen Impasto. In dieser Beziehung wird sogar das Frankfurter Bild von dem zu Basel übertroffen, sodass man dieses für das jüngere und jenes für das ältere halten möchte. Dabei muss, und zwar im Gedanken an die Eigenschaften des Malers und Zeichners Knüpfer, auf eins aufmerksam gemacht werden. Die in perspektivischer Verkürzung gezeichneten Gesichter der Figuren des Hintergrundes, welche zu der von Merkur fortgetragenen Glücksgöttin emporschauen und bei denen man zuerst in Versuchung gerathen könnte, an Knüpfer zu denken, offenbaren die Schwäche Elsheimer'scher Kunst, welche Schwierigkeiten dieser Art nicht zu überwinden versteht. Mit derartigen Problemen würde der bei den Utrechter Caravaggisten als gründlicher Figurenzeichner aufs Beste geschulte Knüpfer ganz anders umgesprungen sein. Welches Meisterstück ist nicht in dieser Beziehung die sterbende Mutter in der Ecke rechts auf dem grossen Bilde in Cassel, bei der auch seine eigenartige Kunst des Modellierens mit der Farbe, die er freilich gelegentlich vernachlässigte, in vollendetster Weise in die Erscheinung tritt? Diese Figur ragt überhaupt so merkwürdig aus dem Werk hervor, dass man anzunehmen geneigt sein könnte, um ihretwillen sei die ganze Composition entworfen. Gewiss aber findet ein ähnliches Verhältniss auf einem von Hofstede de Groot in der Brera zu Mailand aufgefundenen kleineren, weniger ansprechenden Bilde von Knüpfer statt, das den armen Lazarus vor der Thür des Reichen darstellt.[1]) Hier tritt es deutlich hervor, dass der nackte

---

[1]) Sammlung Oggioni in der Brera, Sala F. Nr. 58, Scuola Fiamminga. — Ein weiteres Werk von Knüpfer hat Hofstede de Groot in der Accademia Albertina zu Turin gefunden, Nr. 120 (Unbekannt). Es ist eine arkadische Hirtenlandschaft: »Auf Ruinen sitzt eine Frauengestalt in gelber Gewandung; vor ihr sieht man zwei Männer, links Vieh und noch drei Personen.« Dass das Bild in der Brera ein richtiger Knüpfer ist, kann ich aus eigener Anschauung bestätigen. Das Turiner Bild habe ich leider übersehen. Auch bei Sir Francis Cook-Richmond soll noch ein Bild von Knüpfer sein.

arme Lazarus dem Maler als Problem perspektivischer Verkürzung die Hauptsache war, alles andere Figurenwerk aber, wie der Zwerg neben dem Lazarus und die Loggia des Hintergrundes mit dem reichen Mann und der Tischgesellschaft, als Nebenwerk behandelt und — es kann nicht anders ausgedrückt werden — vernachlässigt wurde. Von solchen absichtlichen Vernachlässigungen ist auch das hochinteressante Casseler Gemälde nicht frei, es sind Partieen darin, die wie unfertig erscheinen. Doch, um auf Elsheimer's »Jagd nach dem Glück« in Basel zurükzukommen, so müssen wir gestehen, dass gerade hierzu, nicht zu der Knüpfer'schen »Jagd nach dem Glück« in München, mehrere jener kleinen Elsheimer'schen Handzeichnungen passen, bei denen das Tertium comparationis in der Darstellung einer horizontal sich fortschiebenden Menge von Personen und einem darüber hinausragenden Reiter-Paar liegt. Das gilt besonders von Nr. 47 (5811) im Frankfurter Sammelband. Dort findet sich ja auch eine aus der Menge heraus in die Luft emporgetragene Figur. Hierher gehören ferner zwei Blätter in der Albertina zu Wien, die Inventar-Nummern 3350 und 9555, welche demnächst in einer besonderen Publikation erscheinen werden, es sind Processionen von Männern, Frauen und Kindern, die eine, wie die genannte Frankfurter Zeichnung, mit einem Reiter-Paar. Aehnliche kleine Blättchen von Elsheimer sollen auch noch im Besitz des Grafen Lanzkoransky sein.

Dagegen sind als Elsheimer-Zeichnungen unbedingt abzuweisen jene beiden Zeichnungen der Wiener Albertina, die, bisher dafür geltend, als Beweis für das Münchener Contento verwandt wurden, nämlich die Inventarnummern 3348 und 3349. Beide Zeichnungen sind, wie mir dies bei einer eingehenderen Betrachtung zur Gewissheit geworden ist, todte geistlose Arbeiten voll grober Schnitzer und Fehler, wie sie kein Meister macht, beide von verschiedenen Händen, beide das Münchener Bild zur Voraussetzung habend. Nr. 3348 ist eine simple mässige Copie, Nr. 3349 dagegen eine in einigen Stücken vom Münchener Bilde abweichende Composition, im Uebrigen aber vollkommen hiervon abhängig. So befindet sich z. B. der die Arme nach der Glücksgöttin ausbreitende Mann auf der Wiener Zeichnung hinter, nicht vor der nackten Venusdienerin. Auch kommt hier der Zeus scheltend vom Himmel heruntergeflogen, unter ihm der Adler. Merkur und Fortuna sind schlecht verstanden, die Thiere sind Stümpereien, die Mittel- und Hintergründe des Münchener

Bildes fehlen völlig. Das Ganze sieht wie ein Versuch aus, mit Hülfe der Münchener Composition eine zweite abgeänderte Composition zu schaffen, bei der der Zeichner erlahmte. Auch hier kein Meister wie Elsheimer oder Knüpfer, sondern ein viel geringerer, der nur langweilige Gesichtstypen zur Verfügung hat.

Ein Vergleich der beglaubigten Dresdener Zeichnung mit der dem Knüpfer zugeschriebenen einzigen Zeichnung im Berliner Kupferstich-Kabinet ›Odysseus und Nausikaa‹ (s. o. S. 5 und 18) lässt auch diese Zeichnung, die wir früher für ächt zu halten geneigt waren (s. o. S. 18), trotz der Aufschrift, die Anfangs etwas Bestechendes hat, zweifelhaft erscheinen. Im Vordergrunde rechts der nackte Odysseus, links, auf etwas höherem Mittelgrunde, Nausikaa mit vier Begleiterinnen, über denen ein grosser Sonnenschirm erscheint, der ebenso wie der Wagen und die Pferde, welche weiter zurück angebracht sind, an die Rembrandt'sche Taufe des Kämmerers aus dem Morgenlande erinnern. Auf Knüpfer führt nichts weiter als die Angabe des Cornelis de Bie, dass er als Knabe den Odysseus Die Nausikaa gezeichnet habe. Dies könnte irgend Jemand, der nicht erwog, dass die Zeichnung von der Hand eines Knaben und nicht von der eines reiferen Künstlers stamme, dazu veranlasst haben, sie fälschlich mit dem Namen des N. Knüpfer zu versehen.

Fassen wir nun noch einmal das Ergebniss unserer ganzen Darlegung zusammen, so ist es folgendes:

Ungefähr zur selben Zeit, als Elsheimer das Opfer zu Lystra malte, das im Städel'schen Institut aufbewahrt wird, malte er auch die ›Entführung der Fortuna durch den Merkur oder die Jagd der Menschen nach dem Glück‹ in der Galerie zu Basel. Beide Compositionen sind in so hohem Grade mit einander verwandt, dass unter den Elsheimer'schen Zeichnungen, mit denen die Kritik noch nicht fertig ist, mehrere als Vorstudien auf beide Bilder in gleicher Weise bezogen werden können. Wie Elsheimer auf den Gedanken kam, den Raub der Glücksgöttin durch den Merkur darzustellen, vermögen wir freilich nicht zu sagen. Einen in den Lüften fliegenden Merkur finden wir u. a. auch auf einem seiner feinsten Bilder in den Uffizien in Florenz (Nr. 793), das die zum Tempel wandernden Töchter der Aglaïa darstellt. Vielleicht war es die herrliche Gruppe Raphaels aus dem Märchen des Apulejus, die vom Merkur durch die Lüfte getragene Psyche, die sich seiner bemächtigt hatte und ihn nicht wieder losliess. Das sei, wie es wolle, das Baseler Bild ist ein zweifelloses Werk aus Elsheimer's Frühzeit, wenngleich es bis jetzt noch nirgends in den bisher bekannt gewordenen Zusammenstellungen seiner Arbeiten aufgeführt worden ist.

Einige Jahre später, vielleicht eine ganze Reihe von Jahren, nämlich im Jahr 1617, nimmt Elsheimer's Schüler, Johannes König, den Gedanken seines Lehrers wieder auf und malte eine ähnliche Composition. Es ist das jenes in der Residenz zu München hängende Bild (s. o. S. 25 ff.). König ist der erste, der den Gedanken an die Tiara und die Kaiserkrone in die Composition bringt (s. o. S. 25).

Wieder vergeht eine Reihe von Jahren, da malt Knüpfer — durch welche Verkettung von Verhältnissen dazu angeregt, vermögen wir nicht mehr zu ermitteln — denselben Gegenstand. Es ist dies das fälschlich unter Elsheimer's Namen gehende Bild der alten Pinakothek in München Kat. 1389 (772). Aus den beiden schlichten Reitern des Hintergrundes bei Elsheimer und aus der Tiara und der Kaiserkrone im Stillleben des Vordergrundes auf dem Bilde des Johannes König werden Kaiser und Papst zu Ross, zuerst freilich nur als Teppich-Figuren und somit als Bild im Bilde. Aber Knüpfer ist mit dieser seiner ersten Composition, die ihm offenbar noch viel zu sehr unter dem Bann der etwas steifen Elsheimer'schen Ausführung steht, nicht zufrieden. Das beweisen besonders die beiden Variationen der Mittelgruppe auf der Zeichnung im Kabinet zu Dresden und auf dem Bilde in Kopenhagen. Er nimmt daher im Jahre 1651 die ganze Arbeit noch einmal wieder auf und bringt sie im Schweriner Bilde zu einem ihn vollständig befriedigenden Abschluss. Vielleicht hat er deshalb sein content zweimal auf den Drachen geschrieben, den die Kinder im Bilde steigen lassen. Jedenfalls entstammt dem Schweriner Bilde der Name Contento, der bis in unsere Zeit soviel unnützes Kopfzerbrechen verursacht hat. Hier finden wir auch weitere Züge des Elsheimer'schen Bildes, wie das Liebespaar links, das als » Brautpaar in Ehren « jenem anderen Paar rechts im Vordergrunde gegenüber gestellt ist, dem eine weniger erfreuliche Deutung beigelegt werden kann. Man möchte es für gewiss halten, dass Knüpfer in der Zeit vor 1651, also vor der Anfertigung des Schweriner »Contento«, das jetzt in Basel sich befindende Elsheimer'sche Bild gesehen haben müsse. Zugleich aber verschmelzen irgend wie und wo um die Mitte des XVII. Jahrhunderts dieser Name und die Elsheimer'sche Vaterschaft des Gedankens. Wahrscheinlich verliert sich auch das

Elsheimer'sche Original im Privatbesitz, aus dem es in unserm Jahrhundert zu Basel wieder glücklich in die Oeffentlichkeit gelangt ist, während das nicht mit Namen bezeichnete erste Knüpfer'sche Bild nach Frankfurt und dort im Cabinet des Herrn Du Fay unter Elsheimer's Namen geräth.

Und nun beginnt jene Reihe von Irrthümern, mit denen die Sandrart'sche Beschreibung des Du Fay'schen Bildes den Anfang gemacht hat und die vorstehende Abhandlung nunmehr endgültig aufzuräumen versucht. Der Name Elsheimers überträgt sich auch auf die Nachzeichnungen, bezw. Umzeichnungen des ersten Knüpfer'schen Bildes in der Albertina zu Wien sowie auf die von Martini gestochene Oelcopie des Münchener Bildes im Poullain'schen Cabinet und fasst damit zugleich feste Wurzeln in allen kunstgeschichtlichen Essais über Elsheimer bis in die jüngste Gegenwart hinein.

Interessant wäre es, wenn sich Weiteres über den Besitzwechsel feststellen liesse. Dass das Münchener Bild schon vor der Anfertigung des Mannheimer Inventars im Jahre 1799 in der Mannheimer Galerie war, wird durch die »Pfälzischen Merkwürdigkeiten« bewiesen, die, wie Professor Seibt dem Verfasser mittheilt, das genannte Gemälde als »Merkur und Iphigenia« von Elsheimer aufführen. Man möchte aber wissen, ob das Bild direkt aus der Du Fay'schen in die Churfürstliche Sammlung gelangte, oder nicht. Von noch viel grösserem Interesse wäre es, über Herkunft und Verbleib des Baseler Bildes in früheren Zeiten irgend etwas zu erfahren. Ich muss aber diesen Theil der Forschung meinen Collegen, besonders denen in München und Basel, überlassen. Hoffen wir, dass glückliche Umstände auch hierüber noch weiteres Licht ausgiessen.